Merkblatt 77/2

8,8 cm R-Panzerbüchse 54

(Ofenrohr)

Richtlinien für Ausbildung und Einsatz

Vom 7. 12. 1943

Oberkommando des Heeres
Gen St d H/Der Panzeroffizier   H.Qu. OKH., den 7. 12. 43

Das Merkblatt „8,8 cm R-Panzerbüchse 54 (Ofenrohr),
Richtlinien für Ausbildung und Einsatz" wird genehmigt.

Im Auftrag:
Zeitzler

Bibliografische Informationen der Deutschen Nationalbibliothek:
Die Deutsche Nationalbibliothek verzeichnet diese Publikation
in der Deutschen Nationalbibliografie; detaillierte bibliografische
Daten sind im Internet über http://dnb.dnb.de abrufbar.

© 2023 Thomas Heise
Herstellung und Verlag:
BoD - Books on Demand, Norderstedt
ISBN: 978-3-7568-3691-8

Inhaltsverzeichnis

Anlagen

Vorbemerkungen

Das Merkblatt „8,8 cm R-Panzerbüchse 54 (Ofenrohr) Richtlinien für Ausbildung und Einsatz" ist vorläufig maßgebend für die Ausbildung mit dieser Waffe.

In dem Merkblatt ist besonders der Einsatz der R-Panzerbüchse (Ofenrohr) bei der Grenadier-Kompanie im Rahmen der Verteidigung behandelt. Für die Verwendung des Ofenrohrs als panzerbrechende Waffe anderer Waffengattungen (einschl. Versorgungstruppen) gilt das Merkblatt sinngemäß.

Bei Änderung der Kampfweise feindlicher Panzerkampfwagen, Auftreten neuer oder Verstärkung vorhandener Baumuster und auf Grund gesammelter Erfahrungen bedarf dieses Merkblatt der Ergänzung. Es wird gebeten, alle Erfahrungen mit dem Ofenrohr unter Beschreibung des angewandten Kampfverfahrens und des erzielten Erfolges auf dem kürzesten Wege an Oberkommando des Heeres/Generalstab des Heeres/Der Panzeroffizier einzureichen.

A. Allgemeine Grundsätze

1. Die 8,8 cm R-Panzerbüchse 54 (Ofenrohr) ist eine leichte Panzerabwehrwaffe, die bei zweckmäßigem Einsatz und richtiger Handhabung die Vernichtung aller z. Z. bekannten Feindpanzer auf Entfernungen bis zu 150 m ermöglicht.

Stehende Ziele können bis 150 m, fahrende Ziele bis zu 100 m mit Erfolg bekämpft werden.

Zur Bekämpfung infanteristischer Ziele ist die Munition des Ofenrohrs nicht geeignet.

Das Ofenrohr wird zunächst mit einer Munitionsausstattung von je 10 Schuß geliefert, ist jedoch nach Abgabe dieser 10 Schuß noch nicht abgenutzt, sondern kann bei Nachschub weiterer Munition so lange verwendet werden, bis die Führungssicken im Ofenrohr abgenutzt sind. Das tritt nach etwa 300 Schuß ein.

Bei Einsatz des Ofenrohrs ist zu berücksichtigen, daß es beim Abschuß nach hinten einen Feuerstrahl ausstößt und Pulverteile der Granate zurückfliegen.

2. Das Ofenrohr wiegt 9,4 kg, die Munition je Schuß 3,4 kg. Die Munition ist zu je 2 Schuß in Kästen verpackt, der Kasten wiegt 11 kg.

Infolge des leichten Gewichts, der geringen Größe und der einfachen Handhabung ist das Ofenrohr besonders für den Einsatz in vorderster Linie geeignet.

3. Nach reichlicher Ausstattung der Truppe mit Ofenrohren ist diese Waffe aber auch zum Einsatz als Nahsicherung für Geschützstellungen, Troß und Protzenstellungen aller Art, Gefechtsstände, Stäbe und Versorgungstruppen geeignet.

4. Die Ofenrohre sind innerhalb der Kompanien zu einem „Panzer-Zerstörer-Trupp" oder einer „Panzer-Zerstörer-Gruppe" zusammenzufassen. Je nach Anfall von Gerät können darüber hinaus noch weitere Trupps in die Kompanien eingegliedert werden. Unterweisung aller Soldaten am Ofenrohr ist daher anzustreben.

Die Ofenrohre gelten als zusätzliche Bewaffnung für alle Waffengattungen, eine Änderung der K.St.N. der mit Ofenrohren ausgestatteten Einheiten ist zunächst nicht vorgesehen. Ausnahme: Pz.-Zerstörer-Bataillone und -Kompanien.

B. Gliederung der Panzer-Zerstörer-Einheiten

5. Die Panzer-Zerstörer-Gruppe besteht aus

Gruppenführer,
Pferdeführer und
2 Trupps zu je 6 Mann (einschl. Truppenführer).

Einzelheiten über Ausrüstung und Aufgaben der Panzer-Zerstörer-Gruppe siehe Anlage 1.

6. Der Panzer-Zerstörer-Trupp ist mit 3 R-Panzerbüchsen (Ofenrohren) mit je 10 Schuß ausgerüstet, die auf Infanteriekarren (If 8) verladen sind.

7. Die Panzer-Zerstörer-Gruppe ist darüber hinaus möglichst auszustatten mit:

1 Gewehr-Granatgerät (Schießbecher),
bis zu 20 Blendkörpern (BK),
bis zu 5 Faustpatronen bzw. Hafthohlladungen,
Nebel-Handgranate,
sonstige Panzernahkampfmittel.

8. Die Bedienung des einzelnen Ofenrohrs besteht aus dem Ladeschützen und dem Richtschützen.

9. Der Richtschütze ist zum Schutz gegen zurückfliegende Pulverteile der R-Panzerbüchsen-Granate mit einer Schutzbekleidung versehen, die er stets griffbereit mit sich führen muß (siehe Anlage 1).

C. Handhabung
der 8,8 cm R-Panzerbüchse 54 (Ofenrohr)

I. Trageweise und Verlastung auf Infanteriekarren (If 8)

10. Ofenrohr und Munition sind so zu tragen, daß
a) die Waffe bei dem Richtschützen nicht bereits auf weite Entfernungen zu erkennen ist,
b) die Beweglichkeit des Richtschützen möglichst wenig behindert wird,
c) keine Gefährdung für die Bedienung eintritt.

Zweckmäßig sind die in Bild 1 und 2 dargestellten Möglichkeiten. Die Granaten werden in Kästen (Bild 2) oder auf Rückentragen (Bild 3) mitgeführt, Beim Absetzen der Rückentragen ist zu beachten, daß die Zünder der Granaten nicht berührt werden.

11. Beim Transport loser Granaten außerhalb der Kästen ist äußerste Vorsicht geboten. Vorstecker dürfen nicht verlorengehen, da Detonationsgefahr. Das Leitwerk der Granate darf nicht beschädigt oder verbogen werden.

12. Für den Marsch werden die Ofenrohre auf Infanteriekarren (If 8) verladen. Die beiden If 8 der Panzer-Zerstörer-Gruppe werden hierzu hintereinander gekoppelt und von einem Pferd gezogen.

13. Die 6 Ofenrohre der Gruppe sind auf einem If 8 zu verlasten (siehe Bild 4). Der If 8 ist hierfür nach Anlage 3 herzurichten. Dazu kommt ein Teil der Munition. Weitere Munition wird auf den anderen If 8, der nicht besonders hergerichtet ist, verladen. Die darüber hinaus vorhandene Munitionsausstattung wird auf zusätzlichen If 8 oder anderen Gefechtsfahrzeugen mitgeführt.

Bild 1   **Bild 2**

Bild 3

Bild 4

II. Handhabung der Waffe beim Schießen

14. Die Handhabung der Waffe richtet sich nach:

D 1864/2

„8,8 cm R-Pz.B 54 mit 8,8 cm R-Pz.BGr 4322

Gebrauchsanleitung"

Dieses Merkblatt enthält die Anweisungen für das Laden, Spannen, Sichern, Entsichern, Zielen (Schießregeln) und das Abfeuern. Es ist in jedes Ofenrohr eingelegt.

III. Anschlagsarten

15. Das Ofenrohr kann im Stehen, Knien oder Liegen betätigt werden (Beispiele s. Bild 5 und 6). Anschläge im Stehen und Knien werden nur aus Deckungen heraus angewandt.

Zur Herstellung der Feuerbereitschaft ist rechtzeitig Schutzbekleidung anzulegen.

Bild 5

16. Bei jedem Anschlag wird das Ofenrohr mit der Schulter-
auflage auf den Oberarm gelegt und gegen die Schulterstütze
eingezogen. Die linke Hand unterstützt an der Handhabe, die
rechte Hand ergreift den Abzug.

17. Der Ladeschütze bereitet die Munition vor, ladet und
übernimmt die Beobachtung. Er muß sich stets unmittelbar
neben dem Ofenrohr, jedoch außerhalb der Schußlinie
befinden. Er trägt seine Schutzbekleidung: beim Abschuß deckt
er sich gegen den Feuerstrahl und zurückfliegende Pulverteile, der Blick ist stets abzuwenden (siehe Bild 5 und 6).

18. Wird das Schießen auf längere Zeit unterbrochen, ist
zu entladen. Zum Stellungswechsel über kurze Strecken
kann die Waffe geladen bleiben, es ist jedoch zu sichern und
der Stecker aus der Steckerbuchse zu lösen. Die Waffe muß stets

Bild 6

waagerecht getragen und darf nicht geworfen oder gestoßen werden.

19. Beim „Hinlegen" oder „volle Deckung nehmen" ist darauf zu achten, daß kein Schmutz in die Mündung kommt und das Visier nicht beschädigt wird (siehe Bild 7). Die Waffe ist zugleich nach Möglichkeit gegen Feindbeschuß zu schützen.

Bild 7

D. Grundsätze für den Einsatz

I. Einsatz der Gruppe bzw. des Trupps in einer Stellung

20. Die Panzer-Zerstörer-Gruppe wird möglichst geschlossen, mindestens aber truppweise eingesetzt, um gegenseitige Unterstützung der einzelnen Ofenrohre sicherzustellen. Nur zur Nachsicherung von Trossen und Versorgungsdiensten können Ofenrohre auch einzeln eingesetzt werden.

21. Der Panzer-Zerstörer-Trupp ist zweckmäßig nach Seite und Tiefe etwa 150 m gestaffelt mit der Möglichkeit gegenseitiger Unterstützung einzusetzen (s. Bild 8).

Angreifende Feindpanzer sind möglichst aus der Flanke zu bekämpfen (siehe Ziffer 26).

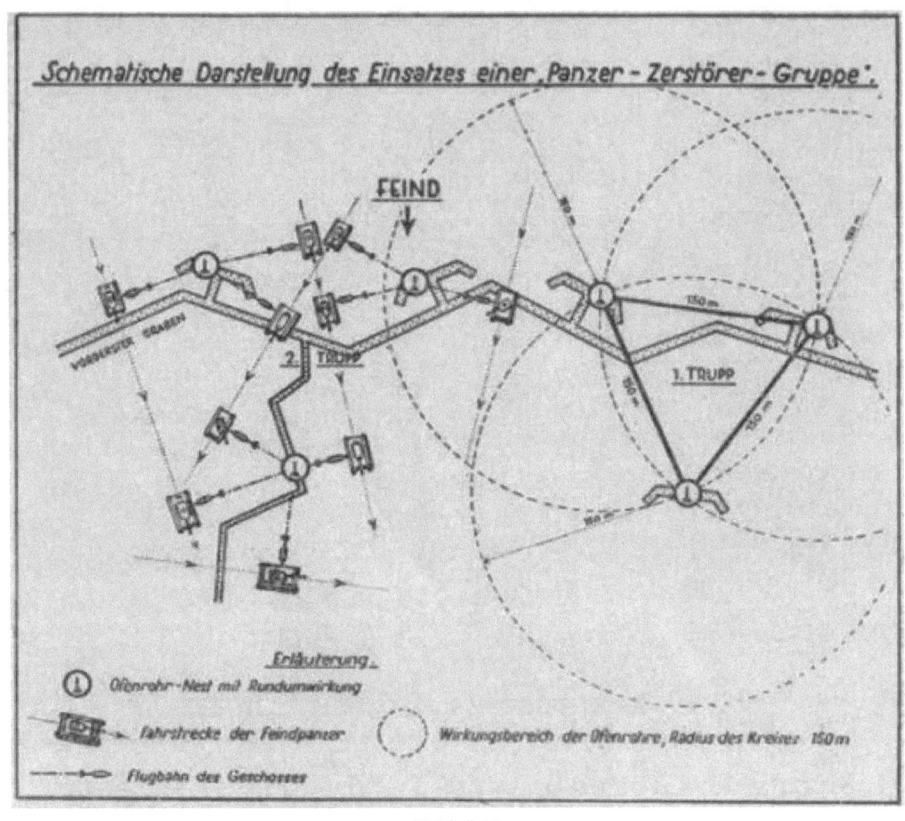

Bild 8

22. Wechselstellungen für den gesamten Trupp, aus denen wiederum gegenseitige Unterstützung der einzelnen Ofenrohre möglich ist, sind vorzubereiten. Sie werden zweckmäßig durch Laufgräben miteinander verbunden, um ein Verschieben der Panzer-Zerstörer-Trupps auch während des Gefechts zu ermöglichen.

23. Werden einzelne Panzer-Zerstörer-Gruppen oder -Trupps als Panzerabwehr-Reserve des Regi-

ments-Kommandeurs oder Bataillons-Kommandeurs zurück-
gehalten, um damit im Rahmen des Regiments- oder
Bataillons-Abschnittes Panzerabwehr-Schwerpunkte bilden
oder entstehende Panzerabwehr-Lücken schließen zu können,
so ist gedeckter Anmarsch dieser Gruppen oder Trupps
in ihre voraussichtlichen Feuerstellungen anzustreben und zu
erkunden. Die Stellungen sind vorzubereiten.

24. Gut durchdachter Panzerwarndienst stellt recht-
zeitige Abwehrbereitschaft der Ofenrohre sicher. Beobachter
sind an Punkte, die guten Überblick ermöglichen, vor die
Stellungen der Ofenrohre zu schieben. Bei Nacht sind Horch-
posten aufzustellen. Wichtige Beobachtungen und Feststellun-
gen sind sofort zu melden.

Durch zweckmäßig aufgebauten Panzerbeobachtungs-
dienst schafft sich der Regiments- bzw. Bataillions-Komman-
deur die Unterlagen für den Einsatz seiner zurückgehaltenen
Panzerabwehr-Reserven.

II. Erkunden und Einrichten der Feuerstellung

25. Die Bedienung des Ofenrohrs erkundet ihrem Auftrage
entsprechend eine Feuerstellung und mehrere Wechselstellungen, aus denen sie auf nächste Entfernungen – entsprechend der Treffreichweite des Ofenrohrs – Schußfeld hat.

Versteckte Stellungen am Hinterhang oder in Mulden bieten
die beste Möglichkeit, überraschend zum Schuß zu
kommen und sich gleichzeitig der beobachteten Wirkung der
schweren Waffen des Feindes oder der Überwachungspanzer
zu entziehen.

Die Feuerstellungen und Wechselstellungen müssen der Bedienung ermöglichen, nach allen Seiten zu feuern, insbesondere auch vorbeigefahrene Panzer noch wirksam gegen die
Rückseite zu bekämpfen.

26. Flankierende Wirkung gegen vorbeifahrende Panzer, die einen möglichst senkrechten Auftreffwinkel sicherstellt, erhöht die Aussicht auf erfolgreiche Vernichtung des Feindpanzers.

27. Bei Erkundung und Einrichtung der Feuerstellungen ist sicherzustellen, daß der Ladeschütze sich stets in unmittelbarer Nähe des Richtschützen befindet und zugleich genügend Deckung gegen den Feuerstrahl beim Abschuß des Ofenrohrs und die zurückfliegenden Pulverteile der Granate hat.

28. Ofenrohre können in jeder Infanteriestellung ausgebautem Grabensystem eingesetzt werden. Es müssen jedoch genügend Schützenstände mit einer Auflagemöglichkeit für das Ofenrohr vorhanden sein, aus denen der Richtschütze ohne Schwierigkeit das Feuer eröffnen kann. Ausreichende Deckung gegen Artilleriefeuer muß für Mann und Waffe vorhanden sein.

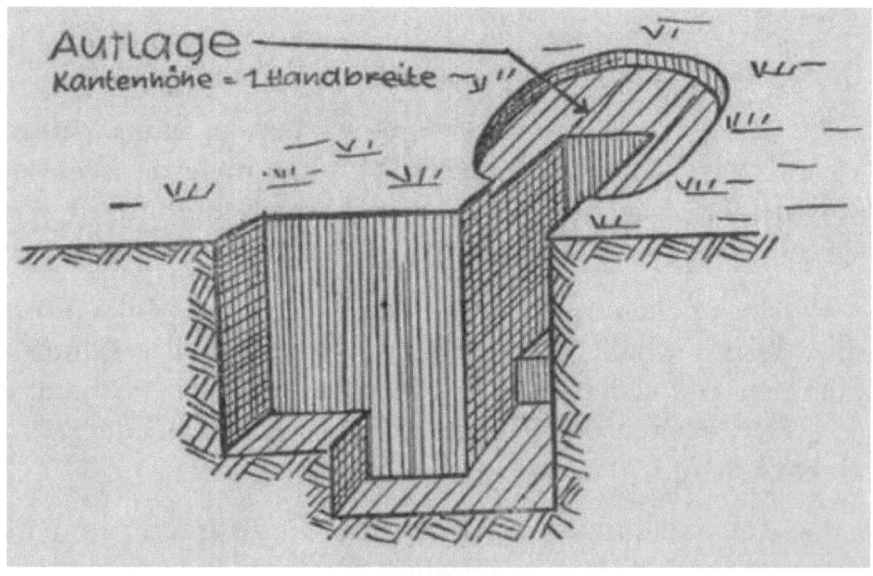

Bild 9

29. Ist ein Grabensystem nicht vorhanden, so sind durch die Bedienung des Ofenrohrs Panzerdeckungslöcher anzulegen (siehe Bild 9 und 10).

Rechtwinkelige Anlage des Panzerdeckungsloches bietet gute Deckungsmöglichkeit für den Ladeschützen und stellt gleichzeitig reibungsloses Zusammenwirken der Bedienung sicher.

Bild 10

III. Der Feuerkampf

30. Der Feuerkampf erfordert enge, reibungslose Zusammenarbeit von Richtschütze und Ladeschütze.

31. Während vom Richtschützen kaltblütiges Abwarten, Ruhe und Sicherheit zu fordern sind, muß der Ladeschütze ein hohes Maß von Umsicht zeigen. Er muß die Waffe beim Laden möglichst schnell handhaben sowie zum Abschuß gewandt

17

Deckung nehmen können. Ebenso schnell aber hat er nach dem Abschuß die Wirkung der Granate zu beobachten und dem Richtschützen zur Verbesserung des Haltepunktes zu übermitteln. Diese Zusammenarbeit bedarf drillmäßiger Übung.

32. Der Richtschütze merkt sich im Umkreis von 150 m bestimmte Markierungspunkte, um den Zeitpunkt der Feuereröffnung richtig zu bestimmen. Darüber hinaus sind zur Erleichterung der Wahl des Haltepunktes weitere Markierungspunkte auf bestimmte Entfernungen festzulegen (150 m, 120 m, 75 m).

33. Der Feuerkampf wird durch die Bedienung des Ofenrohrs im allgemeinen selbständig geführt. Wahl des Zieles, des Haltepunktes und Zielwechsel bleiben dem Richtschützen überlassen.

34. In besonderen Fällen wird sich der Gruppenführer bzw. Truppführer die Feuereröffnung vorbehalten, um die überraschende Wirkung eines geschlossenen Trupps oder der gesamten Gruppe sicherzustellen.

35. Als Grundsatz für die Feuereröffnung gilt: Kaltblütiges Abwarten, bis der Feindpanzer auf wirksame Kampfentfernung herangekommen ist, überraschende Feuereröffnung und schnelle Feuerfolge verbürgen den Erfolg. Vorzeitige Feuereröffnung stellt die Treffaussichten in Frage, ermöglicht dem Feindpanzer ein Ausweichen und setzt die Bedienung der Gefahr des Erkanntwerdens und damit der Vernichtung aus.

36. Bis zum Beginn des Feuerkampfes bleibt das Ofenrohr mit Bedienung in Deckung. Zum Feuerkampf wird das Ofenrohr in Stellung gebracht und das Feuer eröffnet. Nach dem Schuß ist sofort in Deckung neu zu laden, wieder in Stellung zu gehen und weiter zu feuern. Sofort nach dem Feuerkampf wird das Ofenrohr wieder in Deckung gebracht.

37. Der Feindpanzer wird so lange bekämpft, bis er vernichtet ist oder den Wirkungsbereich der Waffe verläßt.

E. Ausbildung

38. Für die Bedienung des Ofenrohrs ist eine besondere Ausbildung erforderlich. Insbesondere muß das Zusammenwirken der Bedienung drillmäßig geübt werden.

39. Es ist sicherzustellen, daß die Ofenrohr-Bedienungen vor Einsatz gegen den Feind mindestens einmal scharf geschossen und getroffen haben.

Wenn die zur Verfügung stehende Übungsmunition hierfür nicht ausreicht, so ist auf scharfe Munition zurückzugreifen. Verringerung des Munitionsbestandes muß hierbei in Kauf genommen werden.

40. Das Schießen erfordert Übung im Schätzen nächster Entfernungen, Geschwindigkeiten und Fahrtrichtungen gepanzerter Fahrzeuge und der sich daraus ergebenden Vorhaltmaße.

41. Eine Gewöhnung an die Behinderung der Sicht auf dem Gefechtsfeld und der Handhabung der Waffe durch die Schutzbekleidung ist von besonderer Bedeutung.

42. Die Panzer-Zerstörer-Gruppen sind in der Panzernahbekämpfung besonders auszubilden. Zur Überwindung des „Panzerschrecks" ist während der Ausbildung das Überrolltwerden im Panzerdeckungsloch mindestens einmal zu üben.

19

43. Die Angehörigen der Panzer-Zerstörer-Einheiten sind gemäß H.Dv. 469/2 im Panzererkennungsdienst so auszubilden, daß sie in der Lage sind, die Baumuster der eigenen und feindlichen Panzerwaffe richtig anzusprechen.

44. Für die Ausbildung sind folgende Vorschriften heranzuziehen:

a) D 1864/2:
   8,8 cm R-Pz.B 54 mit 8,8 cm R-Pz.B Gr 4322
   Gebrauchsanleitung,

b) H.Dv. 469/4:
   „Richtlinien für Panzernahbekämpfung",

c) Merkblatt OKH/GenStdH/GendSchnTr/Nr. 1578/42
   „Panzernahbekämpfung",

d) H.Dv. 469/2a:
   „Panzer-Erkennungsdienst, Sowjet-Rußland",

e) H.Dv. 469/2b:
   „Panzer-Erkennungsdienst, England-Amerika",

f) H.Dv. 469/3e
   „Panzer-Beschußtafeln (Abwehr schwer zu bekämpfender Panzerfahrzeuge) Infanterie".

Ausrüstung und Aufgaben der Panzer-Zerstörer-Gruppe

	Ausrüstung (Anhalt)	Aufgaben
Gruppen-führer	Maschinenpistole Taschenlampe kurzer Spaten Signalpfeife Leuchtpistole Fernglas	Der Gruppenführer ist verantwortlich für Pflege und Vollzähligkeit von Waffen und Gerät sowie für die Ausbildung seiner Gruppe. Im Gefecht macht er dem Truppenführer, dem seine Gruppe unterstellt ist, Vorschläge für den Einsatz der R-Panzerbüchsen. Er überwacht den Stellungsbau, stellt ständige Gefechtsbereitschaft seiner Gruppe sicher und organisiert den Munitionsnachschub. Im Kampf ist er an seinen bestimmten Platz gebunden; er wird sich an der für seine jeweilige Aufgabe wichtigsten Stelle aufhalten. Er ist Vorkämpfer in der Panzernahbekämpfung.
Pferde-führer	Gewehr kurzer Spaten	Der Pferdeführer ist verantwortlich für Pflege und Einsatzbereitschaft des Pferdes. Nach Einrücken der Panzer – Zerstörer - Gruppe

	Ausrüstung (Anhalt)	Aufgaben
Trupp-führer	wie Ladeschütze	in die Stellung begibt er sich nach Weisung des Gruppen-führers in die befohlene Protzenstellung. Von dort aus hält er Verbindung mit der Gruppe. Der Truppführer ist zu-gleich Ladeschütze eines Ofenrohres seines Trupps. Neben der Durchführung seiner Aufgaben als Lade-schütze ist er taktischer Führer des Trupps und macht dem Truppenführer, welchem der Panzer-Zer-störer-Trupp unterstellt ist, Vorschläge für den Einsatz des Trupps. Er überwacht Pflege und Vollzähligkeit von Waffen und Gerät seines Trupps.
Lade-schütze	M.P. oder Gewehr kurzer Spaten 2 Granatkästen oder Rückentrage mit 5 Granaten	Er ist verantwortlich für Pflege und Funktions-bereitschaft der Munition. Im Gefecht erkundet er die Stellung, bereitet die Muni-tion vor und lädt die Waffe. Er unterstützt den durch die

	Ausrüstung (Anhalt)	Aufgaben
Richt-schütze	Pistole kurzer Spaten R-Panzerbüchse (Ofenrohr) Schutz-bekleidung*)	Schutzkleidung behinderten Richtschützen bei der Beobachtung und kämpft mit seinem Gewehr oder M.P. begleitende oder aufgesessene Infanterie. Er ist verantwortlich für Pflege und Gefechtsbereitschaft von Waffe und Schutzbekleidung. Er bedient die Waffe im Gefecht, die Schutzbekleidung trägt er stets bei sich.

*) Als Schutzbekleidung sind zunächst Gasmaske, Winterschutzhaube (Kopfhaube) und Stulpenhandschuhe (Fausthandschuhe aus Doppelgewebe mit Stulpen) zu verwenden (siehe Bild 11).

Zur Herstellung einer behelfsmäßigen Schutzhaube eignet sich eine alte Gasplane (siehe Bild 12).

Soweit vorhanden, ist der an die Truppe gelieferte „Gesichtsschutz" zu verwenden. Beschreibung und Gebrauchsanleitung liegt dem „Gesichtsschutz" bei.

Bild 11

Bild 12

Herrichten der Infanterie-Karren (If 8) zur Verlastung

von 6 Ofenrohren

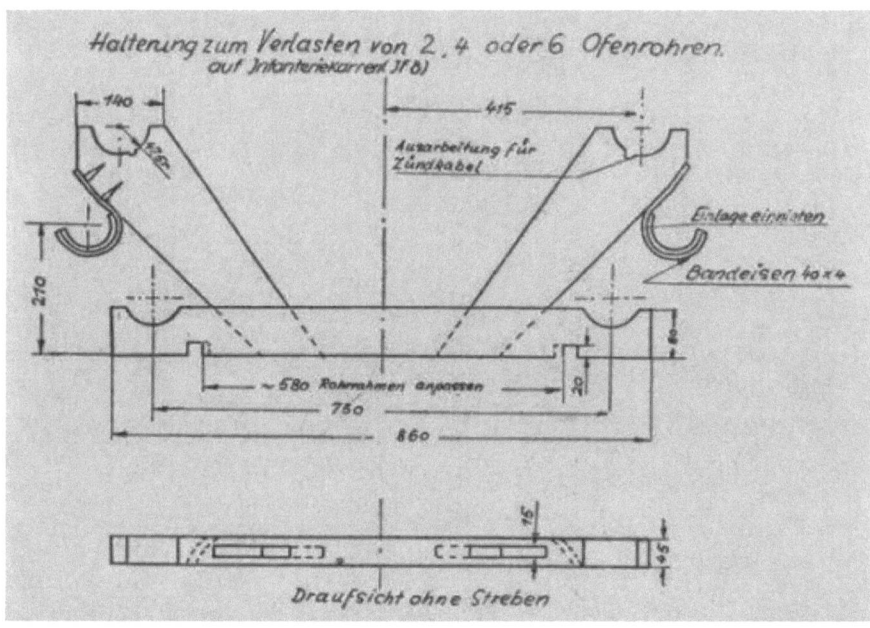

Bild 13

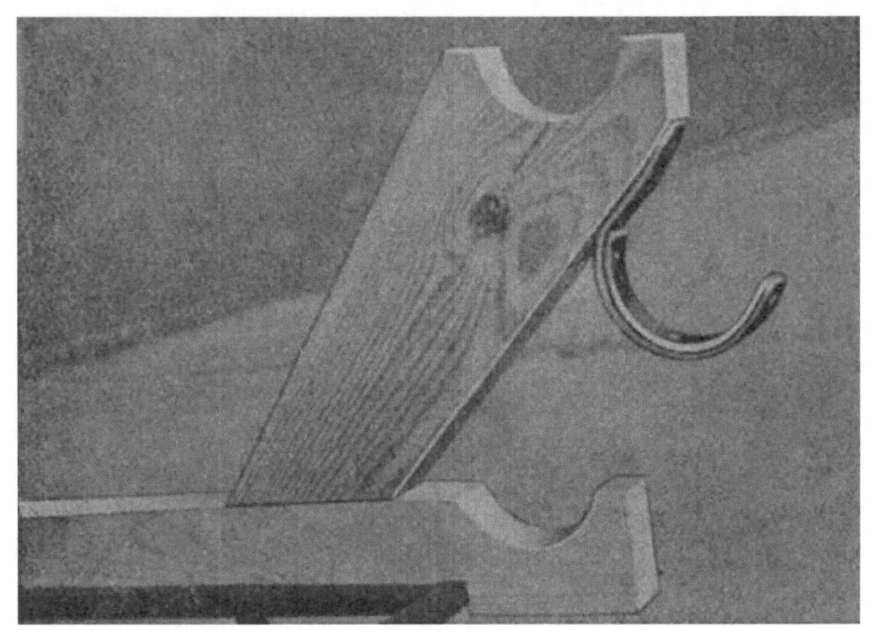

Bild 14

Bild 15

Bild 16

Sicherheitsbestimmungen für Übungsschießen mit Ofenrohr

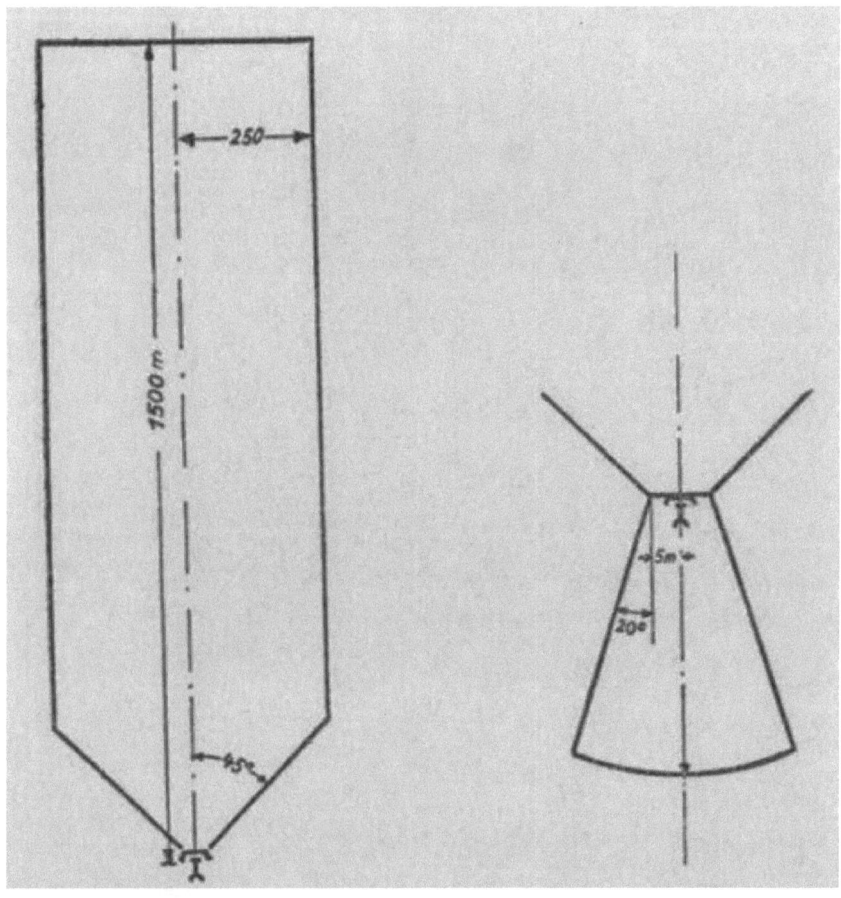

Bild 17   **Bild 18**

a) Absperrung der Schußbahn siehe Bild 17.

b) Absperrung am Gerät siehe Bild 18.

c) Der Sicherheitsbereich hinter dem Gerät richtet sich nach der Ziel-
entfernung und ist rückwärts des Ziels mit 250 m festzulegen.

d) Weitere Sicherheitsbestimmungen über Handhabung der Waffe sind
der D 1864/2 zu entnehmen.

e) Die Höchstschußweite der R.Pz.B. 54 bei 45° Erhöhung liegt bei etwa
1000 m.

Notizen

(Erfahrungen, Ausbildungshinweise usw.)